The Cat in the Hat
by Dr. Seuss
in Yiddish

די קאַץ דער פּאַיאַץ

DI KATS DER PAYATS

פֿון ד״ר סוס
ייִדיש: שלום בערגער

fun Dokter Seuss
Yidish: Sholem Berger

פֿאַרלאַג „עשׂרים־ואַרבע״ ניו־יאָרק
Twenty-Fourth Street Books, LLC
New York

This 2003 edition is published by Twenty-Fourth Street Books, LLC, by arrangement with Dr. Seuss Enterprises, L.P.

Yiddish typography and typesetting by Yankl Salant, Brooklyn, New York.

Twenty-Fourth Street Books, LLC
New York
www.yiddishcat.com

Printed and bound in Singapore.

ISBN 0-9726939-0-4

10 9 8 7 6 5 4 3 2 1

This book is sponsored in part by Yugntruf Youth for Yiddish as part of "Leyenvarg far kleynvarg", a series of children's books in Yiddish. Yugntruf is an organization of young people of every ideology and background dedicated to Yiddish as a living language.

www.yugntruf.org

מיטגעשטיצט דאָס אַרויסגעבן האָט יוגנטרוף יוגנט פֿאַר ייִדיש ווי אַ טייל פֿון „לייענוואַרג פֿאַר קליינוואַרג״, אַ סעריע ייִדיש־קינדערביכלעך. יוגנטרוף איז אַן אָרגאַניזאַציע פֿון יונגע־לײַט פֿון אַלע אידעאָלאָגיעס און סבֿיבֿות וואָס ווילן אויפֿהיטן ייִדיש ווי אַ לעבעדיקע שפּראַך.

עס גיסט נאָך אַ רעגן.
ס׳איז קאַלט און ס׳איז נאַס.
געזעסן אין שטוב.
געקוקט אויף דער גאַס.

Es gist nokh a regn.
S'iz kalt un s'iz nas.
Gezesn in shtub.
Gekukt af der gas.

Azoy zalbe tsveyt	אַזױ זאַלבע צװײט
Gezesn mit Soren.	געזעסן מיט שׂרהן.
Gezogt: "Halevay	געזאָגט: „הלװאַי
Volt undz epes geshen!"	װאָלט אונדז עפּעס געשען!"
Me tor nisht aroys	מע טאָר נישט אַרױס
Zikh shpiln in bal.	זיך שפּילן אין באַל.
Gezesn in shtub.	געזעסן אין שטוב.
Me tut gornisht bikhlal.	מע טוט גאָרנישט בכלל.

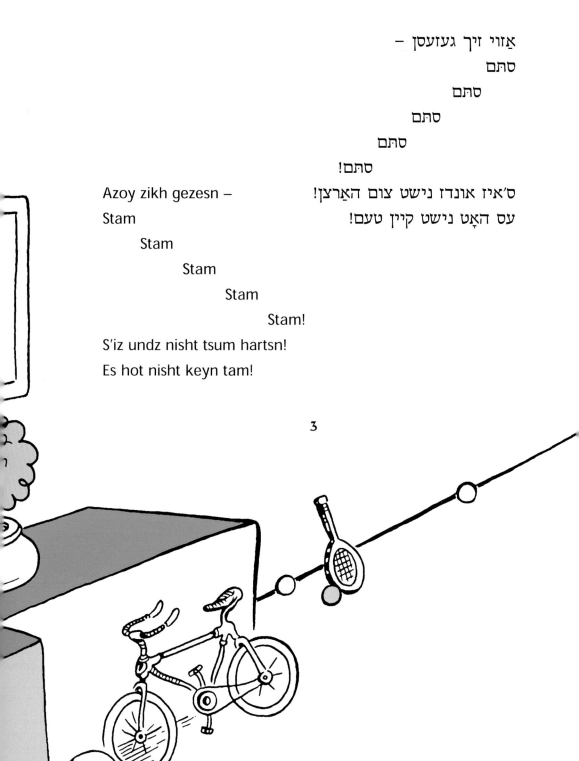

אַזוי זיך געזעסן –
סתּם
סתּם
סתּם
סתּם
סתּם!
ס׳איז אונדז נישט צום האַרצן!
עס האָט נישט קיין טעם!

Azoy zikh gezesn –
Stam
Stam
Stam
Stam
Stam!
S'iz undz nisht tsum hartsn!
Es hot nisht keyn tam!

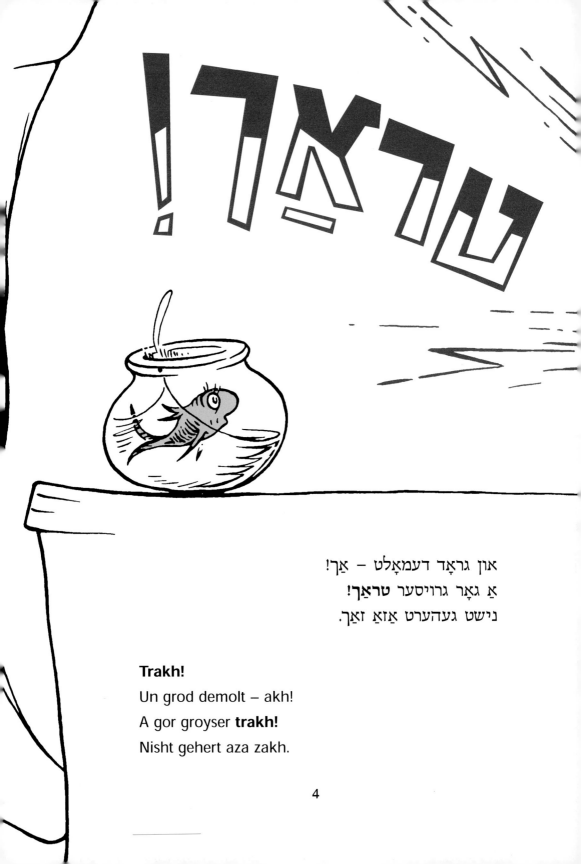

טראַך!

און גראָד דעמאָלט – אַך!
אַ גאָר גרױסער **טראַך!**
נישט געהערט אַזאַ זאַך.

Trakh!
Un grod demolt – akh!
A gor groyser **trakh!**
Nisht gehert aza zakh.

4

Me git shoyn a kuk.

S'iz gor nisht keyn shpas!

Gekukt un derzen:

Di Kats der Payats!

מע גיט שוין אַ קוק.

ס'איז גאָר נישט קיין שפּאַס!

געקוקט און דערזען:

די קאַץ דער פּאַיאַץ!

Un gezogt hot er undz: און געזאָגט האָט ער אונדז:
"O, a trukener plats!   „אָ, אַ טרוקענער פּלאַץ!
Kh'veys, s'iz a mabl.   כ׳ווייס, ס׳איז אַ מבול.
Dertsu nokh – a regn.   דערצו נאָך – אַ רעגן.
Nor af dem nisht gekukt   נאָר אויף דעם נישט געקוקט
Ken men gants gut farbrengen!"   קען מען גאַנץ גוט פֿאַרברענגען!"

7

"Kh'hob a sakh shpiln far undz,"
Makht di kats.
"Un kh'vel aykh oykh vayzn a kunts,"
Makht di Kats der Payats.
"Kuntsn a sakh!
Zikh shpiln tsuzamen!
Un far vos, freg ikh aykh,
Zol es ongeyn der mamen?"

Mir makhn a shvayg
Un mir klern tsuzamen:
Biz haynt in ovnt
Iz nishto di mame.

„כ׳האָב אַ סך שפּילן פֿאַר אונדז״,
מאַכט די קאַץ.
„און כ׳וועל אײַך אויך ווײַזן אַ קונץ״,
מאַכט די קאַץ דער פּאַיאַץ.
„קונצן אַ סך!
זיך שפּילן צוזאַמען!
און פֿאַר וואָס, פֿרעג איך אײַך,
זאָל עס אָנגיין דער מאַמען?״

מיר מאַכן אַ שווײַג
און מיר קלערן צוזאַמען:
ביז הײַנט אין אָוונט
איז נישטאָ די מאַמע.

Nor undzer fish

Hot gezogt: "Neyn un neyn!

Zogt der Kats dem Payats

Er zol bald avekgeyn.

Me vet zikh nisht shpiln.

Er tor ba undz nisht blaybn.

Nishto haynt di mame –

Me muz im fartraybn!"

נאָר אונדזער פֿיש

האָט געזאָגט: „ניין און ניין!

זאָגט דער קאַץ דעם פּאַיאַץ

ער זאָל באַלד אַוועקגיין.

מע וועט זיך נישט שפּילן.

ער טאָר בײַ אונדז נישט בלײַבן.

נישטאָ הײַנט די מאַמע –

מע מוז אים פֿאַרטרײַבן!"

10

"Te, te! Nisht gedayget!
Nisht gezorgt!" makht di kats.
"A kunts iz nisht shlekht,"
Makht di Kats der Payats.

„טע, טע! נישט געדאגהט!
ניטש געזאָרגט!" מאַכט די קאַץ.
„אַ קונץ איז נישט שלעכט",
מאַכט די קאַץ דער פּאַיאַץ.

12

„מיר קענען פֿאַרברענגען.
מע דאַרף נאָר שטאַרק פּרוּוון!
אָט אָ דאָ איז מײַן שפּיל:
אַ פֿיש אין דער לופֿטן!"

„לאָז מיך אַראָפּ!
כ׳בין גאָר נישט קיין בעלן!
לאָז מיך אַראָפּ!
אַנישט וועל איך פֿאַלן!"

"Mir kenen farbrengen.
Me darf nor shtark pruvn!
Ot o do iz mayn shpil:
A fish in der luftn!"

"Loz mikh arop!
Kh'bin gor nisht keyn baln!
Loz mikh arop!
Anisht vel ikh faln!"

„זאָרג זיך נישט!״ מאַכט די קאַץ.
„איך לאָז דיך נישט פֿאַלן.
כ׳האַלט דיך נאָך אין דער הייך
בעת איך שטיי אויף אַ באַלעם.
אַ בוך אויף דער האַנט!
אַ כוס אויפֿן קאָפּ!
נאָר איך שטעל זיך נישט אָפּ!
ניין, איך שטעל זיך נישט אָפּ!״

"Zorg zikh nisht!" makht di kats.
"Ikh loz dikh nisht faln.
Kh'halt dikh nokh in der heykh
Beys ikh shtey af a balem.
A bukh af der hant!
A kos afn kop!
Nor ikh shtel zikh nisht op!
Neyn, ikh shtel zikh nisht op!"

„גיט אַ קוק! גיט אַ קוק!
קוקט אַהער! אויפֿן אָרט!
אויף מיין קאָפּ: סײַ אַ כּוס,
סײַ געבוירן־טאָג־טאָרט!
איך האַלט שוין צוויי ביכער
און דעם פֿיש", מאַכט די קאַץ,
„אַ שפּילשיפֿעלע,
אַ גלאָז מילך אויף אַ טאַץ!
גיט כאָטש אַ קוק!
כ'שפּרינג אַרויף און אַראָפּ!
און איך שטעל זיך נישט אָפּ.
ניין!
איך שטעל זיך נישט אָפּ!"

"Git a kuk! Git a kuk!
Kukt aher! Afn ort!
Af mayn kop: say a kos,
Say geboyrn-tog-tort!
Ikh halt shoyn tsvey bikher
Un dem fish," makht di kats,
"A shpilshifele,
A gloz milkh af a tats!
Git khotsh a kuk!
Kh'shpring aruf un arop!
Un ikh shtel zikh nisht op.
Neyn!
Ikh shtel zikh nisht op!"

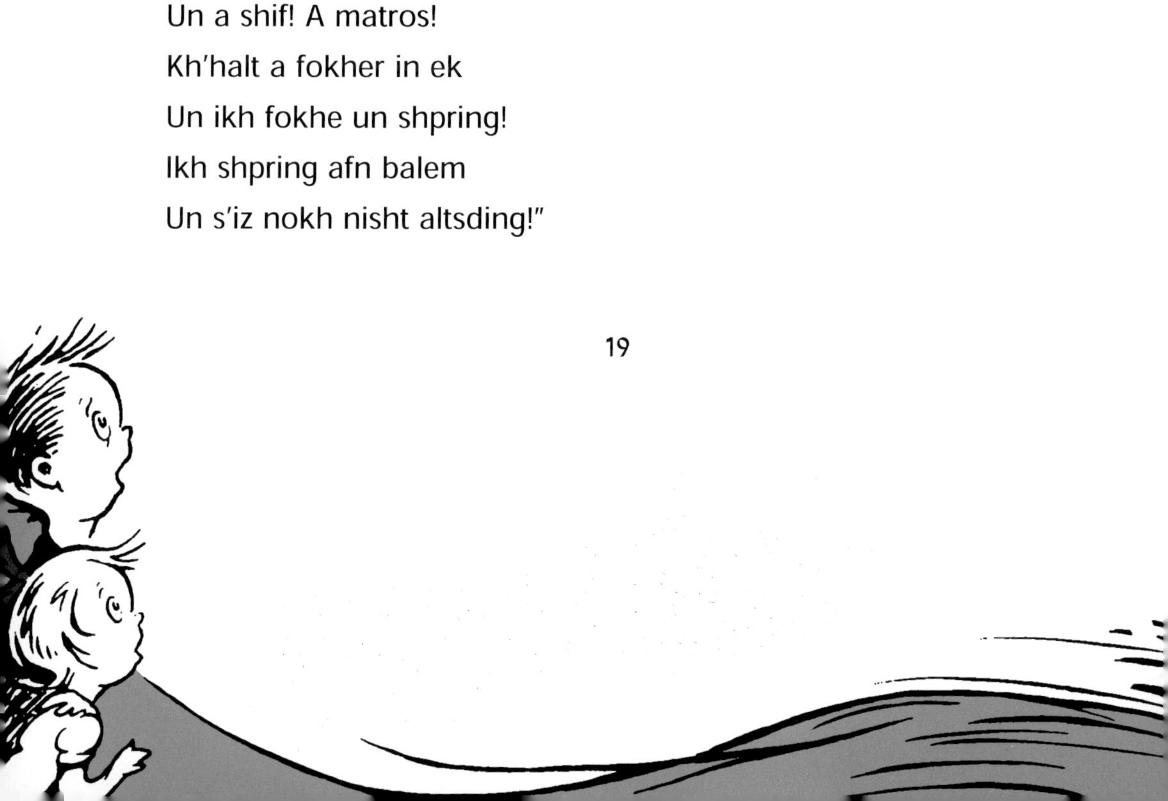

„גיט אַ קוק!
גיט אַ קוק!
אַ קוק שוין אַהער!
די קאַץ דער פּאַיאַץ
איז דאָך נישט אַבי ווער!
איך האַלט שוין דרײַ ביכער,
דעם קוכן, דעם כּוס,
אַ גראַבליע, דעם פֿיש,
און אַ שיף! אַ מאַטראָס!
כ׳האַלט אַ פֿאָכער אין עק
און איך פֿאָכע און שפּרינג!
איך שפּרינג אויפֿן באַלעם
און ס׳איז נאָך נישט אַלצדינג!“

"Git a kuk!
Git a kuk!
A kuk shoyn aher!
Di Kats der Payats
Iz dokh nisht abi ver!
Ikh halt shoyn dray bikher,
Dem kukhn, dem kos,
A grablye, dem fish,
Un a shif! A matros!
Kh'halt a fokher in ek
Un ikh fokhe un shpring!
Ikh shpring afn balem
Un s'iz nokh nisht altsding!"

אָט אַזוי האָט געמאַכט די קאַץ דער פּאַיאַץ –
און דערנאָך גלײַך אַראָפּ אױפֿן קאָפּ מיט אַ טראַסק!
אַראָפּ מיט אַ טראַסק
פֿון אַרױף אױפֿן באַל.
שׂרה מיט מיר
האָבן צוגעזען אַלץ.

Ot azoy hot gemakht di Kats der Payats –
Un dernokh glaykh arop afn kop mit a trask!
Arop mit a trask
Fun aruf afn bal.
Sore mit mir
Hobn tsugezen alts.

20

אויך אַראָפּ איז דער פֿיש,
אין אַ טשײַניק אַרײַן.
„צי איז דאָס דען מיר ליב?
ניין און ניין! ס׳איז נישט פֿײַן.
ס׳איז אַ שפּיל אָן אַ טעם",
מאַכט דער פֿיש, אַראָפּ צו.
„ס׳איז מיר גאָר נישט נישט ליב,
טפֿו דרײַ מאָל! און טפֿו!"

Oykh arop iz der fish,
In a tshaynik arayn.
"Tsi iz dos den mir lib?
Neyn un neyn! S'iz nisht fayn.
S'iz a shpil on a tam,"
Makht der fish, arop tsu.
"S'iz mir gor nisht nisht lib,
Tfu dray mol! Un tfu!"

23

„אַנו, קוק וואָס דו האָסט געטאָן!״
מאַכט דער פֿיש אויף אַ קול.
„גיב אַ קוק! באַלאַגאַן –
אומעטום! מיט אַ מאָל!
דאָס שיפֿל אַרונטער
און דער קוכן שוין קאַליע.
צעטרייסלט די שטוב
און פֿאַרקרימט אונדז די גראַבליע.
בעת די מאַמע איז נישטאָ
טאָרסטו בײַ אונדז נישט זײַן!״
אַזוי מאַכט דער פֿיש
וואָס אין טשײַניק אַרײַן.

"Anu, kuk vos du host geton!"
Makht der fish af a kol.
"Gib a kuk! Balagan –
Umetum! Mit a mol!
Dos shifl arunter
Un der kukhn shoyn kalye.
Tsetreyslt di shtub
Un farkrimt undz di grablye.
Beys di mame iz nishto
Torstu ba undz nisht zayn!"
Azoy makht der fish
Vos in tshaynik arayn.

„נאָר כ׳האָב ליב דאָ צו זײַן,
כ׳האָב עס גאָר־גאָר שטאַרק ליב!
און דערפֿאַר", מאַכט די קאַץ,
„קען איך נישט טאָן צו ליב.
איך וועל נישט אַוועק.
כ׳האָב נישט חשק צו גיין!
און דערפֿאַר," מאַכט די קאַץ דער פּאַיאַץ,
„און דעריבער,
וועל איך אײַך שוין ווײַזן
נאָך אַ שפּיל, מײַנע ליבע!"

"Nor kh'hob lib do tsu zayn,
Kh'hob es gor-gor shtark lib!
Un derfar," makht di kats,
"Ken ikh nisht ton tsu lib.
Ikh vel nisht avek.
Kh'hob nisht kheyshek tsu geyn!
Un derfar," makht di Kats der Payats,
"Un deriber,
Vel ikh aykh shoyn vayzn
Nokh a shpil, mayne libe!"

Dernokh, gikh vi a fayl
Loyft di kats shoyn aroys
Un trogt bald vider arayn
A kastn – oy, groys!

דערנאָך, גיך ווי אַ פֿײַל
לויפֿט די קאַץ שוין אַרויס,
און טראָגט באַלד ווידער אַרײַן
אַ קאַסטן – אוי, גרויס!

28

A kastn a royter

Mit a hekl farmakht.

"Git a kuk af der kunts,"

Makht di kats.

"Zet a gvaldike zakh!"

אַ קאַסטן אַ רויטער

מיט אַ העקל פֿאַרמאַכט.

„גיט אַ קוק אויף דער קונץ״,

מאַכט די קאַץ.

„זעט אַ גוואַלדיקע זאַך!״

איז ער אַרויף אויבן
און געזאָגט: „זעט אַ שפּאַס!
איך רוף די שפּיל **קאַסטן**",
מאַכט די קאַץ דער פּאַיאַץ.
„עס זײַנען צוויי זאַכן
אין קאַסטן פֿאַראַן.
זיי וועלן געפֿעלן –
אַזוי זאָג איך אָן."

Iz er aruf oybn
Un gezogt: "Zet a shpas!
Ikh ruf di shpil **kastn**,"
Makht di Kats der Payats.
"Es zaynen tsvey zakhn
In kastn faran.
Zey veln gefeln –
Azoy zog ikh on."

30

איר וועט זען עפּעס נײַס.
כ׳גיב דאָס העקל אַ דריי.
צוויי זאַכן. איך רוף זיי
זאַך איינס און זאַך צוויי.
זיי וועלן נישט בײַסן,
זיי פֿירן זיך שיין.״
און איינס־צוויי פֿונעם קאַסטן –
זאַך צוויי און זאַך איינס!
זיי גריסן אונדז פֿלינק:
„דאַכט זיך, נאָך נישט באַקאַנט.
דער זאַך איינס און זאַך צוויי
ווילט איר געבן די האַנט?״

"Ir vet zen epes nays.
Kh'gib dos hekl a drey.
Tsvey zakhn. Ikh ruf zey
Zakh Eyns un Zakh Tsvey.
Zey veln nisht baysn,
Zey firn zikh sheyn."
Un eyns-tsvey funem kastn –
Zakh Tsvey un Zakh Eyns!
Zey grisn undz flink:
"Dakht zikh, nokh nisht bakant.
Der Zakh Eyns un Zakh Tsvey
Vilt ir gebn di hant?"

Azelkhe min Zakhn
Biz aher nisht bakant
Hobn mir dokh gemuzt
Zey gebn di hant.
Mir hobn gegebn.

אַזעלכע מין זאַכן
ביז אַהער נישט באַקאַנט
האָבן מיר דאָך געמוזט
זיי געבן די האַנט.
מיר האָבן געגעבן.

34

מאַכט דער פֿיש, „ניין און ניין!
זיי מוזן אַוועק!
זיי מוזן שוין גיין!
זיי טאָרן נישט זײַן
בעת די מאַמע איז נישט!
וואַרפֿט זיי שוין אַרויס!"
מאַכט דער טשײַניקל־פֿיש.

Makht der fish, "Neyn un neyn!

Zey muzn avek!

Zey muzn shoyn geyn!

Zey torn nisht zayn

Beys di mame iz nisht!

Varft zey shoyn aroys!"

Makht der tshaynikl-fish.

35

"Hot nisht keyn moyre
Fun di Zakhn. Ir zet?
Zey firn zikh sheyn."
Di kats git zey a glet.
"Zey zitsn zikh shtil
Un viln farbrengen.
Zey kenen farvayln
Beys es geyt nokh a regn."

„האָט נישט קיין מורא
פֿון די זאַכן. איר זעט?
זיי פֿירן זיך שיין."
די קאַץ גיט זיי אַ גלעט.
„זיי זיצן זיך שטיל
און ווילן פֿאַרברענגען.
זיי קענען פֿאַרווײַלן
בעת עס גייט נאָך אַ רעגן."

36

„די שפּיל וועט זיי ציִען",
מאַכט די קאַץ.
„זיי האָבן ליב אַ פֿלישלאַנג צו פֿליִען",
מאַכט די קאַץ דער פּאַיאַץ.

„ניין! נישט אין שטוב!"
מאַכט דער פֿיש אינעם טשײַניק.
„זיי טאָרן נישט פֿליִען!
ס'איז קיין שפּילערײַ נישט!

"Di shpil vet zey tsien,"
Makht di kats.
"Zey hobn lib a flishlang tsu flien,"
Makht di Kats der Payats.

"Neyn! Nisht in shtub!"
Makht der fish inem tshaynik.
"Zey torn nisht flien!
S'iz keyn shpileray nisht!

"Oy, zey veln alts klapn	„אוי, זיי וועלן אַלץ קלאַפּן
Un alts iberkern!	און אַלץ איבערקערן!
Di gantse shtub	די גאַנצע שטוב
Vet dokh kalye vern!"	וועט דאָך קאַליע ווערן!"

Di Zakhn tseloyfn zikh
Azoy frank un fray.
In der vant git a zets
Zeyer flishlangeray.
Bum! Trakh! Bum! Trakh!
Aza rashike zakh.

די זאַכן צעלויפֿן זיך
אַזוי פֿראַנק און פֿרײַ.
אין דער וואַנט גיט אַ זעץ
זייער פֿלישלאַנגערײַ.
בום! טראַך! בום! טראַך!
אַזאַ רעשיקע זאַך.

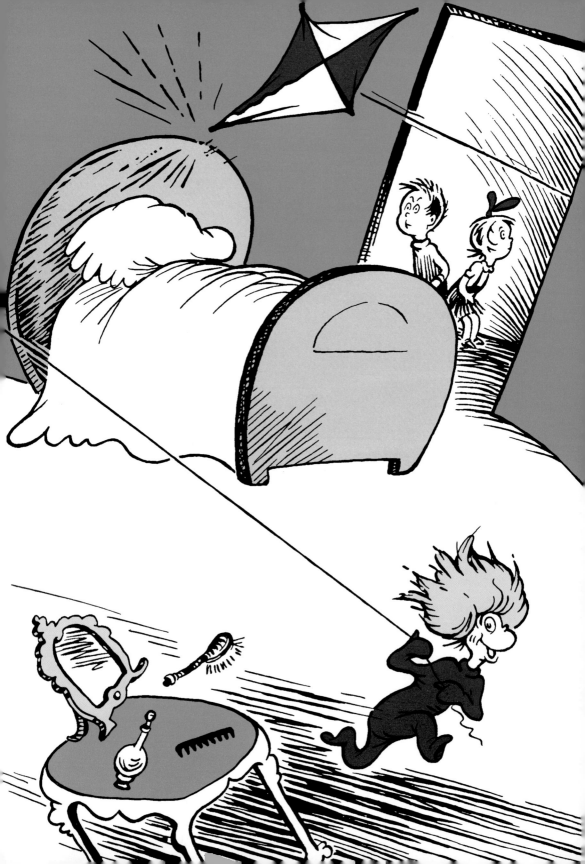

אַהער און אַהין
זאַך איינס און זאַך צוויי!
איין פֿלישלאַנג־שטריק
כאַפּט דער מאַמענס אַ קלייד!
צעטרייסלט דאָס טישל,
אַלץ געגעבן אַ זעץ.
מע זעט ווי איין פֿלישלאַנג
צעטראַסקעט אין בעט!

Aher un ahin
Zakh Eyns un Zakh Tsvey!
Eyn flishlang-shtrik
Khapt der mamens a kleyd!
Tsetreyslt dos tishl,
Alts gegebn a zets.
Me zet vi eyn flishlang
Tsetrasket in bet!

די זאַכן צעלויפֿן זיך,
צעבריקען, צעבוצקען,
צעהאָפּקען, צעטראַסקען,
און נאָך שוואַרצע קונצן.
האָב איך געזאָגט,
„אוי, אַזאַ טאַראַראַמען!
געפֿעלט עס מיר גאָר נישט,
און ס׳וועט אויך נישט דער מאַמען!"

Di Zakhn tseloyfn zikh,
Tsebriken, tsebutsken,
Tsehopken, tsetrasken,
Un nokh shvartse kuntsn.
Hob ikh gezogt,
"Oy, aza tararamen!
Gefelt es mir gor nisht,
Un s'vet oykh nisht der mamen!"

„גיט אַ קוק!" מאכט דער פֿיש,
און ער ציטערט פֿאַר שרעק.
„עס גייט שוין די מאַמע!
זי איז שוין אויפֿן וועג!
אוי, וואָס וועט זי זאָגן?
און וואָס וועט זי טאָן?
ס׳וועט איר נישט געפֿעלן!
אָט־אָט קומט זי אָן!"

"Git a kuk!" makht der fish,
Un er tsitert far shrek.
"Es geyt shoyn di mame!
Zi iz shoyn afn veg!
Oy, vos vet zi zogn?
Un vos vet zi ton?
S'vet ir nisht gefeln!
Ot-ot kumt zi on!"

46

„איז טוט עפּעס! גיכער!״ מאַכט דער פֿיש.
„עפּעס טאָן!
געהערט? אָט אָ גייט זי!
באַלד־באַלד קומט זי אָן!
איז טראַכט עפּעס אויס,
נו, שטייט נישט! איינס־צוויי!
איר דאַרפֿט פּטור ווערן
פֿון זאַך איינס און זאַך צוויי!״

"Iz tut epes! Gikher!" makht der fish.
"Epes ton!
Gehert? Ot o geyt zi!
Bald-bald kumt zi on!
Iz trakht epes oys,
Nu, shteyt nisht! Eyns-tsvey!
Ir darft poter vern
Fun Zakh Eyns un Zakh Tsvey!"

Kh'hob gikh vi a fayl
Mayn nets ongekhapt.
(Sore, farshteyt zikh, bahalt zikh un gaft.)
"Anu," kh'hob getrakht,
"Oyb ikh varf mit a knak
Veln di tsvey Zakhn vern farkhapt!"

כ׳האָב גיך ווי אַ פֿײַל
מײַן נעץ אָנגעכאַפּט.
(שׂרה, פֿאַרשטייט זיך, באַהאַלט זיך און גאַפֿט.)
„אַנו״, כ׳האָב געטראַכט,
„אויב איך וואַרף מיט אַ קנאַק
וועלן די צוויי זאַכן ווערן פֿאַרכאַפּט!״

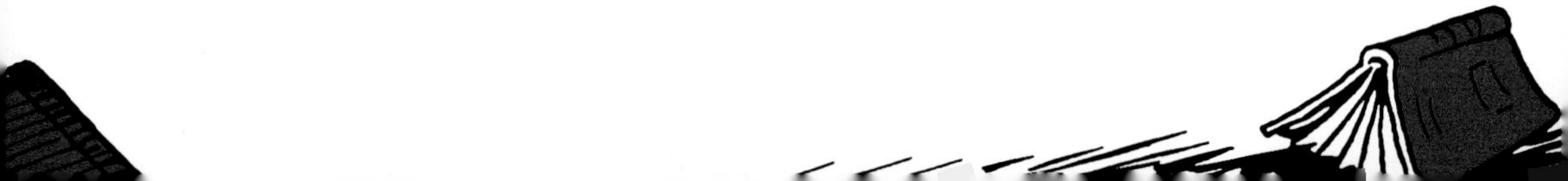

אַון אַראָפּ מיט מײַן נעץ!
געמאַכט אַ גרויס **פּלאָפּ** –
אַון אַ סוף צו די זאַכן
אַון זייער גאַלאָפּ!

Un arop mit mayn nets!
Gemakht a groys **plop** –
Un a sof tsu di Zakhn
Un zeyer galop!

געמאַכט צו דער קאַץ:
„איצט טו ווי איך הייס.
פּאַק שוין אײַן די זאַכן –
זאַך צוויי און זאַך איינס!”

„אײַך געפֿעלט נישט די שפּיל?” מאַכט די קאַץ.
„וויי און אָך! אײַך געפֿעלט נישט!
סאַראַ בראָך.
סאַראַ בראָך.
סאַראַ בראָך!”

Gemakht tsu der kats:
"Itst tu vi ikh heys.
Pak shoyn ayn di Zakhn –
Zakh Tsvey un Zakh Eyns!"

"Aykh gefelt nisht di shpil?" makht di kats.
"Vey un okh! Aykh gefelt nisht!
Sara brokh.
Sara brokh.
Sara brokh!"

ער פֿאַרפּאַקט ביידע זאַכן
און די שטוב אונדז פֿאַרלאָזט
מיטן קאַסטן דעם רויטן,
און אַן אַראָפּגעלאָזטער נאָז.
„דאָס איז גוט“, מאַכט דער פֿיש.
„יאָ. ר׳איז שוין אַוועק.
נאָר דער באַלאַגאַן איז גרויס.
און די מאַמע – אויפֿן וועג!“

Er farpakt beyde Zakhn
Un di shtub undz farlozt
Mitn kastn dem roytn,
Un an aropgelozter noz.
"Dos iz gut," makht der fish.
"Yo. R'iz shoyn avek.
Nor der balagan iz groys
Un di mame – afn veg!"

"Take zeyer groys,
Un alts ibergekert.
Vi leygt men tsuzamen
Vos s'ligt af der erd?"

„טאַקע זייער גרויס,
און אַלץ איבערגעקערט.
ווי לייגט מען צוזאַמען
וואָס ס׳ליגט אויף דער ערד?"

55

אוּן ווײַטער
ווער איז אוּנדז צוריק אין שטוב אַרײַן?
נו, די קאַץ!
„שרעקט זיך נישט פֿאַרן באַלאַגאַן“,
מאַכט די קאַץ דער פּאַיאַץ.
„איך ווײַז אײַך ווידער אַ שפּיל. אַזאַ זאַך:
ווי־צוזאַמענצולייגן־אַלץ־אַפֿילו־גאָר־אַ־סך!“

Un vayter
Ver iz undz tsurik in shtub arayn?
Nu, di kats!
"Shrekt zikh nisht farn balagan,"
Makht di Kats der Payats.
"Ikh vayz aykh vider a shpil. Aza zakh:
Vi-tsuzamentsuleygn-alts-afile-gor-a-sakh!"

דערנאָך לייגט ער צונויף
אַלץ וואָס איז צעשפּרייט.
ער לייגט אַוועק דעם קוכן,
די גראַבליע, דאָס קלייד,
די מילך, די שטריקן,
דעם פֿאָכער, דעם כּוס,
די ביכער, דאָס טעצל,
דעם פֿיש, דעם מאַטראָס –

Dernokh leygt er tsunoyf
Alts vos iz tseshpreyt.
Er leygt avek dem kukhn,
Di grablye, dos kleyd,
Di milkh, di shtrikn,
Dem fokher, dem kos,
Di bikher, dos tetsl,
Dem fish, dem matros –

אַוועקגעלייגט אַלץ
און געזאָגט „זייַט געזונט!”
די קאַץ דער פּאַיאַץ
ווייַזט אונדז מער נישט קיין קונץ.

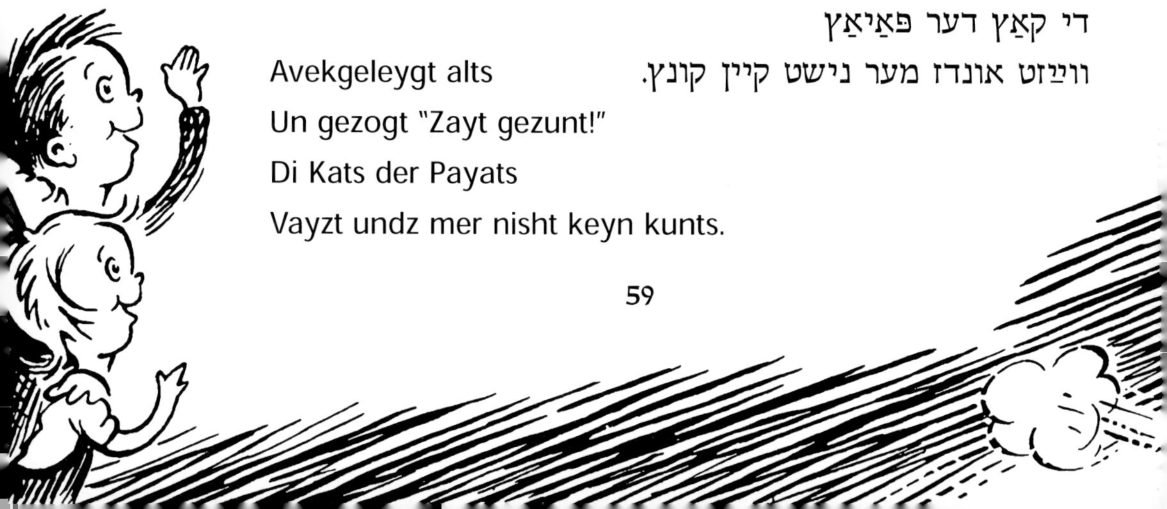

Avekgeleygt alts
Un gezogt "Zayt gezunt!"
Di Kats der Payats
Vayzt undz mer nisht keyn kunts.

Mir zitsn, mir tsvey,
Un es kumt on di mame.
"Vos hot ir geton?
Farbrakht gut tsuzamen?"

מיר זיצן, מיר צוויי,
און עס קומט אָן די מאַמע.
‏„וואָס האָט איר געטאָן?
‏פֿאַרבראַכט גוט צוזאַמען?"

מיר האָבן נישט געוווּסט –
צי זאָל מען רעדן אָפֿן
וועגן דעם אַלעם
וואָס האָט זיך הײַנט געטראָפֿן?

מיר דאַרפֿן אַלץ זאָגן?
מע טאָר נישט? מע מעג?
נו – וואָס וואָלטסטו געטאָן
ווען **דײַן** מאַמע פֿרעגט?

Mir hobn nisht gevust –
Tsi zol men redn ofn
Vegn dem alem
Vos hot zikh haynt getrofn?

Mir darfn alts zogn?
Me tor nisht? Me meg?
Nu – vos voltstu geton
Ven **dayn** mame fregt?

Yiddish Letter	Name of Letter	Sound	Romanization
א	shtumer alef	silent	
אָ	komets alef	o as in ore	o
אַ	pasekh alef	a as in wand	a
ב	beyz	b as in boy	b
בֿ	veyz	v as in violet	v
ג	giml	g as in gold	g
ד	daled	d as in dog	d
ה	hey	h as in home	h
ו	vov	oo as in room	u
ז	zayen	z as in zoo	z
ח	khes	ch as in Chanukah	kh
ט	tes	t as in toy	t
י	yud	y as in yes	y
כּ	kof	k as in kitchen	k
כ	khof	ch as in Chanukah	kh
ך	langer khof (used at end of word)	ch as in Chanukah	kh
ל	lamed	l as in long	l
מ	mem	m as in mouse	m
ם	shlos-mem (used at end of word)	m as in mouse	m
נ	nun	n as in now	n
ן	langer nun (used at end of word)	n as in now	n
ס	samekh	s as in sink	s

Yiddish Letter	Name of Letter	Sound	Romanization
ע	ayen	e as in elm	e
פּ	pey	p as in pink	p
פֿ	fey	f as in farm	f
ף	langer fey	f as in farm	f
	(used at end of word)		
צ	tsadek	ts as in patsy	ts
ץ	langer tsadek	ts as in patsy	ts
	(used at end of word)		
ק	kuf	k as in kitchen	k
ר	reysh	r as in red	r
ש	shin	sh as in shop	sh
שׂ	sin	s as in sink	s
תּ	tof	t as in toy	t
ת	sof	s as in sink	s

Yiddish Letter Combination	Sound	Romanization
וו	v as in violet	v
זש	s as in measure	zh
דזש	j as in judge	dzh
טש	ch as in cheese	tsh
וי	oy as in toy	oy
יי	a as in date	ey
ײַ	i as in ride	ay